AF487638

PROPERTY OF

DATE	DESCRIPTION OF TRANSACTION	(−) AMOUNT OF PAYMENT OR WITHDRAWAL		(+) AMOUNT OF DEPOSIT		BALANCE	
	DESCRIPTION OF TRANSACTION	AMOUNT OF PAYMENT OR WITHDRAWAL		AMOUNT OF DEPOSIT		BALANCE	

DATE	DESCRIPTION OF TRANSACTION	(−) AMOUNT OF PAYMENT OR WITHDRAWAL		(+) AMOUNT OF DEPOSIT		BALANCE	

DATE	DESCRIPTION OF TRANSACTION	(-) AMOUNT OF PAYMENT OR WITHDRAWAL		(+) AMOUNT OF DEPOSIT		BALANCE	

DATE	DESCRIPTION OF TRANSACTION	(−) AMOUNT OF PAYMENT OR WITHDRAWAL		(+) AMOUNT OF DEPOSIT		BALANCE	

DATE	DESCRIPTION OF TRANSACTION	(−) AMOUNT OF PAYMENT OR WITHDRAWAL		(+) AMOUNT OF DEPOSIT		BALANCE	

DATE	DESCRIPTION OF TRANSACTION	(−) AMOUNT OF PAYMENT OR WITHDRAWAL		(+) AMOUNT OF DEPOSIT		BALANCE	

DATE	DESCRIPTION OF TRANSACTION	(−) AMOUNT OF PAYMENT OR WITHDRAWAL		(+) AMOUNT OF DEPOSIT		BALANCE	

DATE	DESCRIPTION OF TRANSACTION	(−) AMOUNT OF PAYMENT OR WITHDRAWAL		(+) AMOUNT OF DEPOSIT		BALANCE

DATE	DESCRIPTION OF TRANSACTION	(−) AMOUNT OF PAYMENT OR WITHDRAWAL		(+) AMOUNT OF DEPOSIT		BALANCE	

DATE	DESCRIPTION OF TRANSACTION	(−) AMOUNT OF PAYMENT OR WITHDRAWAL		(+) AMOUNT OF DEPOSIT		BALANCE	

DATE	DESCRIPTION OF TRANSACTION	(−) AMOUNT OF PAYMENT OR WITHDRAWAL		(+) AMOUNT OF DEPOSIT		BALANCE	

DATE	DESCRIPTION OF TRANSACTION	(-) AMOUNT OF PAYMENT OR WITHDRAWAL		(+) AMOUNT OF DEPOSIT		BALANCE	
DATE	DESCRIPTION OF TRANSACTION	(-) AMOUNT OF PAYMENT OR WITHDRAWAL		(+) AMOUNT OF DEPOSIT		BALANCE	

DATE	DESCRIPTION OF TRANSACTION	(-) AMOUNT OF PAYMENT OR WITHDRAWAL		(+) AMOUNT OF DEPOSIT		BALANCE	

DATE	DESCRIPTION OF TRANSACTION	(−) AMOUNT OF PAYMENT OR WITHDRAWAL		(+) AMOUNT OF DEPOSIT		BALANCE	
DATE	DESCRIPTION OF TRANSACTION	AMOUNT OF PAYMENT		AMOUNT OF DEPOSIT		BALANCE	

DATE	DESCRIPTION OF TRANSACTION	(–) AMOUNT OF PAYMENT OR WITHDRAWAL		(+) AMOUNT OF DEPOSIT		BALANCE	

DATE	DESCRIPTION OF TRANSACTION	(−) AMOUNT OF PAYMENT OR WITHDRAWAL		(+) AMOUNT OF DEPOSIT		BALANCE	
DATE	DESCRIPTION OF TRANSACTION	(−) AMOUNT OF PAYMENT OR WITHDRAWAL		(+) AMOUNT OF DEPOSIT		BALANCE	

DATE	DESCRIPTION OF TRANSACTION	(−) AMOUNT OF PAYMENT OR WITHDRAWAL		(+) AMOUNT OF DEPOSIT		BALANCE	

DATE	DESCRIPTION OF TRANSACTION	(−) AMOUNT OF PAYMENT OR WITHDRAWAL		(+) AMOUNT OF DEPOSIT		BALANCE	

DATE	DESCRIPTION OF TRANSACTION	(−) AMOUNT OF PAYMENT OR WITHDRAWAL		(+) AMOUNT OF DEPOSIT		BALANCE	

DATE	DESCRIPTION OF TRANSACTION	(−) AMOUNT OF PAYMENT OR WITHDRAWAL		(+) AMOUNT OF DEPOSIT		BALANCE	

DATE	DESCRIPTION OF TRANSACTION	(−) AMOUNT OF PAYMENT OR WITHDRAWAL		(+) AMOUNT OF DEPOSIT		BALANCE	

DATE	DESCRIPTION OF TRANSACTION	(−) AMOUNT OF PAYMENT OR WITHDRAWAL		(+) AMOUNT OF DEPOSIT		BALANCE	

DATE	DESCRIPTION OF TRANSACTION	(−) AMOUNT OF PAYMENT OR WITHDRAWAL		(+) AMOUNT OF DEPOSIT		BALANCE	

DATE	DESCRIPTION OF TRANSACTION	(-) AMOUNT OF PAYMENT OR WITHDRAWAL		(+) AMOUNT OF DEPOSIT		BALANCE	

DATE	DESCRIPTION OF TRANSACTION	(−) AMOUNT OF PAYMENT OR WITHDRAWAL		(+) AMOUNT OF DEPOSIT		BALANCE	

DATE	DESCRIPTION OF TRANSACTION	(−) AMOUNT OF PAYMENT OR WITHDRAWAL		(+) AMOUNT OF DEPOSIT		BALANCE	
DATE	DESCRIPTION OF TRANSACTION	(−) AMOUNT OF PAYMENT OR WITHDRAWAL		(+) AMOUNT OF DEPOSIT		BALANCE	

DATE	DESCRIPTION OF TRANSACTION	(−) AMOUNT OF PAYMENT OR WITHDRAWAL		(+) AMOUNT OF DEPOSIT		BALANCE	

DATE	DESCRIPTION OF TRANSACTION	(−) AMOUNT OF PAYMENT OR WITHDRAWAL		(+) AMOUNT OF DEPOSIT		BALANCE

DATE	DESCRIPTION OF TRANSACTION	(–) AMOUNT OF PAYMENT OR WITHDRAWAL		(+) AMOUNT OF DEPOSIT		BALANCE	

DATE	DESCRIPTION OF TRANSACTION	(−) AMOUNT OF PAYMENT OR WITHDRAWAL		(+) AMOUNT OF DEPOSIT		BALANCE	

DATE	DESCRIPTION OF TRANSACTION	(−) AMOUNT OF PAYMENT OR WITHDRAWAL		(+) AMOUNT OF DEPOSIT		BALANCE	

DATE	DESCRIPTION OF TRANSACTION	(−) AMOUNT OF PAYMENT OR WITHDRAWAL		(+) AMOUNT OF DEPOSIT		BALANCE	

DATE	DESCRIPTION OF TRANSACTION	(-) AMOUNT OF PAYMENT OR WITHDRAWAL		(+) AMOUNT OF DEPOSIT		BALANCE	

DATE	DESCRIPTION OF TRANSACTION	(−) AMOUNT OF PAYMENT OR WITHDRAWAL		(+) AMOUNT OF DEPOSIT		BALANCE	

DATE	DESCRIPTION OF TRANSACTION	(−) AMOUNT OF PAYMENT OR WITHDRAWAL		(+) AMOUNT OF DEPOSIT		BALANCE	

DATE	DESCRIPTION OF TRANSACTION	(−) AMOUNT OF PAYMENT OR WITHDRAWAL		(+) AMOUNT OF DEPOSIT		BALANCE	

DATE	DESCRIPTION OF TRANSACTION	(−) AMOUNT OF PAYMENT OR WITHDRAWAL		(+) AMOUNT OF DEPOSIT		BALANCE	

DATE	DESCRIPTION OF TRANSACTION	(−) AMOUNT OF PAYMENT OR WITHDRAWAL		(+) AMOUNT OF DEPOSIT		BALANCE	

DATE	DESCRIPTION OF TRANSACTION	(−) AMOUNT OF PAYMENT OR WITHDRAWAL		(+) AMOUNT OF DEPOSIT		BALANCE	
DATE	DESCRIPTION OF TRANSACTION	AMOUNT OF PAYMENT OR WITHDRAWAL		AMOUNT OF DEPOSIT		BALANCE	

DATE	DESCRIPTION OF TRANSACTION	(−) AMOUNT OF PAYMENT OR WITHDRAWAL		(+) AMOUNT OF DEPOSIT		BALANCE	

DATE	DESCRIPTION OF TRANSACTION	(−) AMOUNT OF PAYMENT OR WITHDRAWAL		(+) AMOUNT OF DEPOSIT		BALANCE	

DATE	DESCRIPTION OF TRANSACTION	(−) AMOUNT OF PAYMENT OR WITHDRAWAL		(+) AMOUNT OF DEPOSIT		BALANCE	

DATE	DESCRIPTION OF TRANSACTION	(−) AMOUNT OF PAYMENT OR WITHDRAWAL		(+) AMOUNT OF DEPOSIT		BALANCE	

DATE	DESCRIPTION OF TRANSACTION	(−) AMOUNT OF PAYMENT OR WITHDRAWAL		(+) AMOUNT OF DEPOSIT		BALANCE	

DATE	DESCRIPTION OF TRANSACTION	(−) AMOUNT OF PAYMENT OR WITHDRAWAL		(+) AMOUNT OF DEPOSIT		BALANCE	

DATE	DESCRIPTION OF TRANSACTION	(−) AMOUNT OF PAYMENT OR WITHDRAWAL		(+) AMOUNT OF DEPOSIT		BALANCE	

DATE	DESCRIPTION OF TRANSACTION	(−) AMOUNT OF PAYMENT OR WITHDRAWAL		(+) AMOUNT OF DEPOSIT		BALANCE	

DATE	DESCRIPTION OF TRANSACTION	(−) AMOUNT OF PAYMENT OR WITHDRAWAL		(+) AMOUNT OF DEPOSIT		BALANCE	

DATE	DESCRIPTION OF TRANSACTION	(-) AMOUNT OF PAYMENT OR WITHDRAWAL		(+) AMOUNT OF DEPOSIT		BALANCE	

DATE	DESCRIPTION OF TRANSACTION	(−) AMOUNT OF PAYMENT OR WITHDRAWAL		(+) AMOUNT OF DEPOSIT		BALANCE	

DATE	DESCRIPTION OF TRANSACTION	(–) AMOUNT OF PAYMENT OR WITHDRAWAL		(+) AMOUNT OF DEPOSIT		BALANCE	

DATE	DESCRIPTION OF TRANSACTION	(−) AMOUNT OF PAYMENT OR WITHDRAWAL		(+) AMOUNT OF DEPOSIT		BALANCE	

DATE	DESCRIPTION OF TRANSACTION	(-) AMOUNT OF PAYMENT OR WITHDRAWAL		(+) AMOUNT OF DEPOSIT		BALANCE	

DATE	DESCRIPTION OF TRANSACTION	(–) AMOUNT OF PAYMENT OR WITHDRAWAL		(+) AMOUNT OF DEPOSIT		BALANCE	

DATE	DESCRIPTION OF TRANSACTION	(−) AMOUNT OF PAYMENT OR WITHDRAWAL		(+) AMOUNT OF DEPOSIT		BALANCE	

DATE	DESCRIPTION OF TRANSACTION	(−) AMOUNT OF PAYMENT OR WITHDRAWAL		(+) AMOUNT OF DEPOSIT		BALANCE	

DATE	DESCRIPTION OF TRANSACTION	(–) AMOUNT OF PAYMENT OR WITHDRAWAL		(+) AMOUNT OF DEPOSIT		BALANCE	

DATE	DESCRIPTION OF TRANSACTION	(−) AMOUNT OF PAYMENT OR WITHDRAWAL		(+) AMOUNT OF DEPOSIT		BALANCE	

DATE	DESCRIPTION OF TRANSACTION	(−) AMOUNT OF PAYMENT OR WITHDRAWAL		(+) AMOUNT OF DEPOSIT		BALANCE	
DATE	DESCRIPTION OF TRANSACTION	(−) AMOUNT OF PAYMENT OR WITHDRAWAL		(+) AMOUNT OF DEPOSIT		BALANCE	

DATE	DESCRIPTION OF TRANSACTION	(−) AMOUNT OF PAYMENT OR WITHDRAWAL		(+) AMOUNT OF DEPOSIT		BALANCE	
DATE	DESCRIPTION OF TRANSACTION	(−) AMOUNT OF PAYMENT OR WITHDRAWAL		(+) AMOUNT OF DEPOSIT		BALANCE	

DATE	DESCRIPTION OF TRANSACTION	(−) AMOUNT OF PAYMENT OR WITHDRAWAL		(+) AMOUNT OF DEPOSIT		BALANCE	
DATE	DESCRIPTION OF TRANSACTION	(−) AMOUNT OF PAYMENT OR WITHDRAWAL		(+) AMOUNT OF DEPOSIT		BALANCE	

DATE	DESCRIPTION OF TRANSACTION	(−) AMOUNT OF PAYMENT OR WITHDRAWAL		(+) AMOUNT OF DEPOSIT		BALANCE	

DATE	DESCRIPTION OF TRANSACTION	(−) AMOUNT OF PAYMENT OR WITHDRAWAL		(+) AMOUNT OF DEPOSIT		BALANCE	
DATE	DESCRIPTION OF TRANSACTION	(−) AMOUNT OF PAYMENT OR WITHDRAWAL		(+) AMOUNT OF DEPOSIT		BALANCE	

DATE	DESCRIPTION OF TRANSACTION	(−) AMOUNT OF PAYMENT OR WITHDRAWAL		(+) AMOUNT OF DEPOSIT		BALANCE	
DATE	DESCRIPTION OF TRANSACTION	(−) AMOUNT OF PAYMENT OR WITHDRAWAL		(+) AMOUNT OF DEPOSIT		BALANCE	

DATE	DESCRIPTION OF TRANSACTION	(−) AMOUNT OF PAYMENT OR WITHDRAWAL		(+) AMOUNT OF DEPOSIT		BALANCE	
DATE	DESCRIPTION OF TRANSACTION	(−) AMOUNT OF PAYMENT OR WITHDRAWAL		(+) AMOUNT OF DEPOSIT		BALANCE	

DATE	DESCRIPTION OF TRANSACTION	(−) AMOUNT OF PAYMENT OR WITHDRAWAL		(+) AMOUNT OF DEPOSIT		BALANCE	
DATE	DESCRIPTION OF TRANSACTION	(−) AMOUNT OF PAYMENT OR WITHDRAWAL		(+) AMOUNT OF DEPOSIT		BALANCE	

DATE	DESCRIPTION OF TRANSACTION	(−) AMOUNT OF PAYMENT OR WITHDRAWAL		(+) AMOUNT OF DEPOSIT		BALANCE	
DATE	DESCRIPTION OF TRANSACTION	(−) AMOUNT OF PAYMENT OR WITHDRAWAL		(+) AMOUNT OF DEPOSIT		BALANCE	

DATE	DESCRIPTION OF TRANSACTION	(–) AMOUNT OF PAYMENT OR WITHDRAWAL		(+) AMOUNT OF DEPOSIT		BALANCE	

DATE	DESCRIPTION OF TRANSACTION	(–) AMOUNT OF PAYMENT OR WITHDRAWAL		(+) AMOUNT OF DEPOSIT		BALANCE	

<table>
<tr><th>DATE</th><th>DESCRIPTION OF TRANSACTION</th><th>(−)
AMOUNT OF PAYMENT
OR WITHDRAWAL</th><th></th><th>(+)
AMOUNT OF DEPOSIT</th><th></th><th>BALANCE</th><th></th></tr>
</table>

DATE	DESCRIPTION OF TRANSACTION	(−) AMOUNT OF PAYMENT OR WITHDRAWAL		(+) AMOUNT OF DEPOSIT		BALANCE	

DATE	DESCRIPTION OF TRANSACTION	(−) AMOUNT OF PAYMENT OR WITHDRAWAL		(+) AMOUNT OF DEPOSIT		BALANCE	

DATE	DESCRIPTION OF TRANSACTION	(−) AMOUNT OF PAYMENT OR WITHDRAWAL		(+) AMOUNT OF DEPOSIT		BALANCE	

DATE	DESCRIPTION OF TRANSACTION	(−) AMOUNT OF PAYMENT OR WITHDRAWAL		(+) AMOUNT OF DEPOSIT		BALANCE	

DATE	DESCRIPTION OF TRANSACTION	(−) AMOUNT OF PAYMENT OR WITHDRAWAL		(+) AMOUNT OF DEPOSIT		BALANCE	

DATE	DESCRIPTION OF TRANSACTION	(-) AMOUNT OF PAYMENT OR WITHDRAWAL		(+) AMOUNT OF DEPOSIT		BALANCE

DATE	DESCRIPTION OF TRANSACTION	(−) AMOUNT OF PAYMENT OR WITHDRAWAL	(+) AMOUNT OF DEPOSIT	BALANCE

DATE	DESCRIPTION OF TRANSACTION	(−) AMOUNT OF PAYMENT OR WITHDRAWAL		(+) AMOUNT OF DEPOSIT		BALANCE	

DATE	DESCRIPTION OF TRANSACTION	(−) AMOUNT OF PAYMENT OR WITHDRAWAL		(+) AMOUNT OF DEPOSIT		BALANCE	

DATE	DESCRIPTION OF TRANSACTION	(−) AMOUNT OF PAYMENT OR WITHDRAWAL		(+) AMOUNT OF DEPOSIT		BALANCE	

DATE	DESCRIPTION OF TRANSACTION	(–) AMOUNT OF PAYMENT OR WITHDRAWAL		(+) AMOUNT OF DEPOSIT		BALANCE

DATE	DESCRIPTION OF TRANSACTION	(−) AMOUNT OF PAYMENT OR WITHDRAWAL		(+) AMOUNT OF DEPOSIT		BALANCE	

DATE	DESCRIPTION OF TRANSACTION	(−) AMOUNT OF PAYMENT OR WITHDRAWAL		(+) AMOUNT OF DEPOSIT		BALANCE	

DATE	DESCRIPTION OF TRANSACTION	(−) AMOUNT OF PAYMENT OR WITHDRAWAL		(+) AMOUNT OF DEPOSIT		BALANCE	

DATE	DESCRIPTION OF TRANSACTION	(−) AMOUNT OF PAYMENT OR WITHDRAWAL		(+) AMOUNT OF DEPOSIT		BALANCE	

DATE	DESCRIPTION OF TRANSACTION	(−) AMOUNT OF PAYMENT OR WITHDRAWAL		(+) AMOUNT OF DEPOSIT		BALANCE	

DATE	DESCRIPTION OF TRANSACTION	(−) AMOUNT OF PAYMENT OR WITHDRAWAL		(+) AMOUNT OF DEPOSIT		BALANCE	
DATE	DESCRIPTION OF TRANSACTION	(−) AMOUNT OF PAYMENT OR WITHDRAWAL		(+) AMOUNT OF DEPOSIT		BALANCE	

DATE	DESCRIPTION OF TRANSACTION	(−) AMOUNT OF PAYMENT OR WITHDRAWAL		(+) AMOUNT OF DEPOSIT		BALANCE	

DATE	DESCRIPTION OF TRANSACTION	(−) AMOUNT OF PAYMENT OR WITHDRAWAL		(+) AMOUNT OF DEPOSIT		BALANCE	
DATE	DESCRIPTION OF TRANSACTION	(−) AMOUNT OF PAYMENT OR WITHDRAWAL		(+) AMOUNT OF DEPOSIT		BALANCE	

DATE	DESCRIPTION OF TRANSACTION	(−) AMOUNT OF PAYMENT OR WITHDRAWAL		(+) AMOUNT OF DEPOSIT		BALANCE	

DATE	DESCRIPTION OF TRANSACTION	(−) AMOUNT OF PAYMENT OR WITHDRAWAL		(+) AMOUNT OF DEPOSIT		BALANCE	

DATE	DESCRIPTION OF TRANSACTION	(−) AMOUNT OF PAYMENT OR WITHDRAWAL		(+) AMOUNT OF DEPOSIT		BALANCE	

DATE	DESCRIPTION OF TRANSACTION	(-) AMOUNT OF PAYMENT OR WITHDRAWAL		(+) AMOUNT OF DEPOSIT		BALANCE	
DATE	DESCRIPTION OF TRANSACTION	(-) AMOUNT OF PAYMENT OR WITHDRAWAL		(+) AMOUNT OF DEPOSIT		BALANCE	

DATE	DESCRIPTION OF TRANSACTION	(−) AMOUNT OF PAYMENT OR WITHDRAWAL		(+) AMOUNT OF DEPOSIT		BALANCE	

DATE	DESCRIPTION OF TRANSACTION	(−) AMOUNT OF PAYMENT OR WITHDRAWAL		(+) AMOUNT OF DEPOSIT		BALANCE	
DATE	DESCRIPTION OF TRANSACTION	(−) AMOUNT OF PAYMENT OR WITHDRAWAL		(+) AMOUNT OF DEPOSIT		BALANCE	

DATE	DESCRIPTION OF TRANSACTION	(−) AMOUNT OF PAYMENT OR WITHDRAWAL		(+) AMOUNT OF DEPOSIT		BALANCE	

DATE	DESCRIPTION OF TRANSACTION	(−) AMOUNT OF PAYMENT OR WITHDRAWAL		(+) AMOUNT OF DEPOSIT		BALANCE	

DATE	DESCRIPTION OF TRANSACTION	(−) AMOUNT OF PAYMENT OR WITHDRAWAL		(+) AMOUNT OF DEPOSIT		BALANCE	

DATE	DESCRIPTION OF TRANSACTION	(−) AMOUNT OF PAYMENT OR WITHDRAWAL		(+) AMOUNT OF DEPOSIT		BALANCE	

DATE	DESCRIPTION OF TRANSACTION	(−) AMOUNT OF PAYMENT OR WITHDRAWAL		(+) AMOUNT OF DEPOSIT		BALANCE	

DATE	DESCRIPTION OF TRANSACTION	(-) AMOUNT OF PAYMENT OR WITHDRAWAL		(+) AMOUNT OF DEPOSIT		BALANCE	

<table>
<tr><td>DATE</td><td>DESCRIPTION OF TRANSACTION</td><td>(−)
AMOUNT OF PAYMENT
OR WITHDRAWAL</td><td>(+)
AMOUNT OF DEPOSIT</td><td>BALANCE</td></tr>
</table>

DATE	DESCRIPTION OF TRANSACTION	(−) AMOUNT OF PAYMENT OR WITHDRAWAL		(+) AMOUNT OF DEPOSIT		BALANCE	

DATE	DESCRIPTION OF TRANSACTION	(−) AMOUNT OF PAYMENT OR WITHDRAWAL		(+) AMOUNT OF DEPOSIT		BALANCE	

DATE	DESCRIPTION OF TRANSACTION	(−) AMOUNT OF PAYMENT OR WITHDRAWAL		(+) AMOUNT OF DEPOSIT		BALANCE	
DATE	DESCRIPTION OF TRANSACTION	(−) AMOUNT OF PAYMENT OR WITHDRAWAL		(+) AMOUNT OF DEPOSIT		BALANCE	

DATE	DESCRIPTION OF TRANSACTION	(−) AMOUNT OF PAYMENT OR WITHDRAWAL		(+) AMOUNT OF DEPOSIT		BALANCE	
DATE	DESCRIPTION OF TRANSACTION	(−) AMOUNT OF PAYMENT OR WITHDRAWAL		(+) AMOUNT OF DEPOSIT		BALANCE	

DATE	DESCRIPTION OF TRANSACTION	(-) AMOUNT OF PAYMENT OR WITHDRAWAL		(+) AMOUNT OF DEPOSIT		BALANCE	

DATE	DESCRIPTION OF TRANSACTION	(–) AMOUNT OF PAYMENT OR WITHDRAWAL		(+) AMOUNT OF DEPOSIT		BALANCE	

DATE	DESCRIPTION OF TRANSACTION	(-) AMOUNT OF PAYMENT OR WITHDRAWAL		(+) AMOUNT OF DEPOSIT		BALANCE	
DATE	DESCRIPTION OF TRANSACTION	(-) AMOUNT OF PAYMENT OR WITHDRAWAL		(+) AMOUNT OF DEPOSIT		BALANCE	

DATE	DESCRIPTION OF TRANSACTION	(−) AMOUNT OF PAYMENT OR WITHDRAWAL		(+) AMOUNT OF DEPOSIT		BALANCE	

DATE	DESCRIPTION OF TRANSACTION	(-) AMOUNT OF PAYMENT OR WITHDRAWAL		(+) AMOUNT OF DEPOSIT		BALANCE	
DATE	DESCRIPTION OF TRANSACTION	(-) AMOUNT OF PAYMENT OR WITHDRAWAL		(+) AMOUNT OF DEPOSIT		BALANCE	

DATE	DESCRIPTION OF TRANSACTION	(–) AMOUNT OF PAYMENT OR WITHDRAWAL		(+) AMOUNT OF DEPOSIT		BALANCE	

DATE	DESCRIPTION OF TRANSACTION	(−) AMOUNT OF PAYMENT OR WITHDRAWAL		(+) AMOUNT OF DEPOSIT		BALANCE	

DATE	DESCRIPTION OF TRANSACTION	(−) AMOUNT OF PAYMENT OR WITHDRAWAL		(+) AMOUNT OF DEPOSIT		BALANCE	

DATE	DESCRIPTION OF TRANSACTION	(−) AMOUNT OF PAYMENT OR WITHDRAWAL		(+) AMOUNT OF DEPOSIT		BALANCE	

DATE	DESCRIPTION OF TRANSACTION	(−) AMOUNT OF PAYMENT OR WITHDRAWAL		(+) AMOUNT OF DEPOSIT		BALANCE	

DATE	DESCRIPTION OF TRANSACTION	(−) AMOUNT OF PAYMENT OR WITHDRAWAL		(+) AMOUNT OF DEPOSIT		BALANCE	

DATE	DESCRIPTION OF TRANSACTION	(−) AMOUNT OF PAYMENT OR WITHDRAWAL		(+) AMOUNT OF DEPOSIT		BALANCE	

DATE	DESCRIPTION OF TRANSACTION	(−) AMOUNT OF PAYMENT OR WITHDRAWAL		(+) AMOUNT OF DEPOSIT		BALANCE	

DATE	DESCRIPTION OF TRANSACTION	(−) AMOUNT OF PAYMENT OR WITHDRAWAL		(+) AMOUNT OF DEPOSIT		BALANCE	

DATE	DESCRIPTION OF TRANSACTION	(−) AMOUNT OF PAYMENT OR WITHDRAWAL		(+) AMOUNT OF DEPOSIT		BALANCE	

<table>
<tr><td>DATE</td><td>DESCRIPTION OF TRANSACTION</td><td>(-)
AMOUNT OF PAYMENT
OR WITHDRAWAL</td><td></td><td>(+)
AMOUNT OF DEPOSIT</td><td></td><td>BALANCE</td><td></td></tr>
</table>

DATE	DESCRIPTION OF TRANSACTION	(−) AMOUNT OF PAYMENT OR WITHDRAWAL		(+) AMOUNT OF DEPOSIT		BALANCE	

DATE	DESCRIPTION OF TRANSACTION	(−) AMOUNT OF PAYMENT OR WITHDRAWAL		(+) AMOUNT OF DEPOSIT		BALANCE	

DATE	DESCRIPTION OF TRANSACTION	(−) AMOUNT OF PAYMENT OR WITHDRAWAL		(+) AMOUNT OF DEPOSIT		BALANCE	

DATE	DESCRIPTION OF TRANSACTION	(−) AMOUNT OF PAYMENT OR WITHDRAWAL		(+) AMOUNT OF DEPOSIT		BALANCE	

DATE	DESCRIPTION OF TRANSACTION	(−) AMOUNT OF PAYMENT OR WITHDRAWAL		(+) AMOUNT OF DEPOSIT		BALANCE	

DATE	DESCRIPTION OF TRANSACTION	(−) AMOUNT OF PAYMENT OR WITHDRAWAL		(+) AMOUNT OF DEPOSIT		BALANCE

DATE	DESCRIPTION OF TRANSACTION	(–) AMOUNT OF PAYMENT OR WITHDRAWAL		(+) AMOUNT OF DEPOSIT		BALANCE	

DATE	DESCRIPTION OF TRANSACTION	(−) AMOUNT OF PAYMENT OR WITHDRAWAL		(+) AMOUNT OF DEPOSIT		BALANCE	

DATE	DESCRIPTION OF TRANSACTION	(−) AMOUNT OF PAYMENT OR WITHDRAWAL		(+) AMOUNT OF DEPOSIT		BALANCE	

DATE	DESCRIPTION OF TRANSACTION	(−) AMOUNT OF PAYMENT OR WITHDRAWAL		(+) AMOUNT OF DEPOSIT		BALANCE	

DATE	DESCRIPTION OF TRANSACTION	(−) AMOUNT OF PAYMENT OR WITHDRAWAL		(+) AMOUNT OF DEPOSIT		BALANCE	

DATE	DESCRIPTION OF TRANSACTION	(−) AMOUNT OF PAYMENT OR WITHDRAWAL		(+) AMOUNT OF DEPOSIT		BALANCE	

DATE	DESCRIPTION OF TRANSACTION	(−) AMOUNT OF PAYMENT OR WITHDRAWAL		(+) AMOUNT OF DEPOSIT		BALANCE	

DATE	DESCRIPTION OF TRANSACTION	(−) AMOUNT OF PAYMENT OR WITHDRAWAL		(+) AMOUNT OF DEPOSIT		BALANCE	

DATE	DESCRIPTION OF TRANSACTION	(−) AMOUNT OF PAYMENT OR WITHDRAWAL		(+) AMOUNT OF DEPOSIT		BALANCE	

DATE	DESCRIPTION OF TRANSACTION	(−) AMOUNT OF PAYMENT OR WITHDRAWAL		(+) AMOUNT OF DEPOSIT		BALANCE	

DATE	DESCRIPTION OF TRANSACTION	(−) AMOUNT OF PAYMENT OR WITHDRAWAL		(+) AMOUNT OF DEPOSIT		BALANCE	

DATE	DESCRIPTION OF TRANSACTION	(−) AMOUNT OF PAYMENT OR WITHDRAWAL		(+) AMOUNT OF DEPOSIT		BALANCE	

<table>
<tr><th>DATE</th><th>DESCRIPTION OF TRANSACTION</th><th>(−)
AMOUNT OF PAYMENT
OR WITHDRAWAL</th><th>(+)
AMOUNT OF DEPOSIT</th><th>BALANCE</th></tr>
</table>

DATE	DESCRIPTION OF TRANSACTION	(−) AMOUNT OF PAYMENT OR WITHDRAWAL		(+) AMOUNT OF DEPOSIT		BALANCE	

DATE	DESCRIPTION OF TRANSACTION	(-) AMOUNT OF PAYMENT OR WITHDRAWAL		(+) AMOUNT OF DEPOSIT		BALANCE	

DATE	DESCRIPTION OF TRANSACTION	(–) AMOUNT OF PAYMENT OR WITHDRAWAL		(+) AMOUNT OF DEPOSIT		BALANCE	

DATE	DESCRIPTION OF TRANSACTION	(-) AMOUNT OF PAYMENT OR WITHDRAWAL		(+) AMOUNT OF DEPOSIT		BALANCE	

DATE	DESCRIPTION OF TRANSACTION	(−) AMOUNT OF PAYMENT OR WITHDRAWAL		(+) AMOUNT OF DEPOSIT		BALANCE	

DATE	DESCRIPTION OF TRANSACTION	(−) AMOUNT OF PAYMENT OR WITHDRAWAL		(+) AMOUNT OF DEPOSIT		BALANCE	
DATE	DESCRIPTION OF TRANSACTION	AMOUNT OF PAYMENT OR WITHDRAWAL		AMOUNT OF DEPOSIT		BALANCE	

DATE	DESCRIPTION OF TRANSACTION	(−) AMOUNT OF PAYMENT OR WITHDRAWAL		(+) AMOUNT OF DEPOSIT		BALANCE	

DATE	DESCRIPTION OF TRANSACTION	(−) AMOUNT OF PAYMENT OR WITHDRAWAL		(+) AMOUNT OF DEPOSIT		BALANCE	

DATE	DESCRIPTION OF TRANSACTION	(–) AMOUNT OF PAYMENT OR WITHDRAWAL		(+) AMOUNT OF DEPOSIT		BALANCE	

DATE	DESCRIPTION OF TRANSACTION	(−) AMOUNT OF PAYMENT OR WITHDRAWAL		(+) AMOUNT OF DEPOSIT		BALANCE	

DATE	DESCRIPTION OF TRANSACTION	(−) AMOUNT OF PAYMENT OR WITHDRAWAL		(+) AMOUNT OF DEPOSIT		BALANCE	
DATE	DESCRIPTION OF TRANSACTION	(−) AMOUNT OF PAYMENT OR WITHDRAWAL		(+) AMOUNT OF DEPOSIT		BALANCE	

DATE	DESCRIPTION OF TRANSACTION	(−) AMOUNT OF PAYMENT OR WITHDRAWAL		(+) AMOUNT OF DEPOSIT		BALANCE	

DATE	DESCRIPTION OF TRANSACTION	(−) AMOUNT OF PAYMENT OR WITHDRAWAL		(+) AMOUNT OF DEPOSIT		BALANCE	

DATE	DESCRIPTION OF TRANSACTION	(−) AMOUNT OF PAYMENT OR WITHDRAWAL		(+) AMOUNT OF DEPOSIT		BALANCE	

DATE	DESCRIPTION OF TRANSACTION	(−) AMOUNT OF PAYMENT OR WITHDRAWAL		(+) AMOUNT OF DEPOSIT		BALANCE	

www.ingramcontent.com/pod-product-compliance
Lightning Source LLC
Chambersburg PA
CBHW080904160726
48000CB00009B/2855